Livre de bord
du nouveau-né

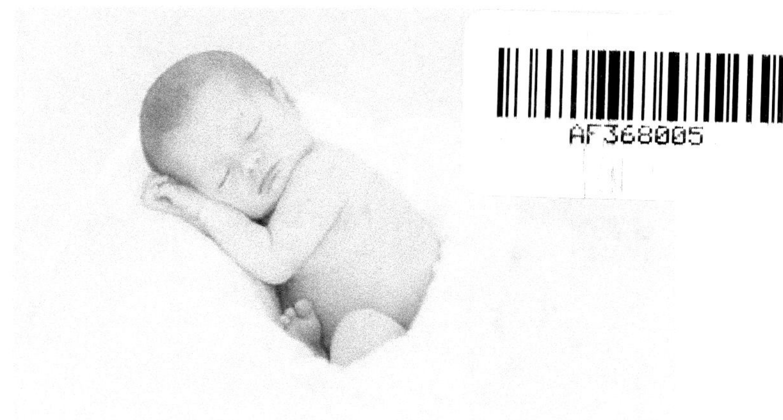

Ce livre appartient à :

Ce livre de bord pour nouveau-né vous aidera à garder une trace de la journée de votre bébé. Les changements de couches, les horaires de sommeil, les repas, les activités, l'humeur du bébé, les médicaments et les notes sont tous inclus.

Livre de bord du nouveau-né

L'HUMEUR DE BÉBÉ

😁 ☹️ 😌 😐 😠

DATE

NOURRITURE

AM

Temps	Nourriture	Montant

PM

Temps	Nourriture	Montant

SOMMEIL

AM

Début	Fin	Durée

PM

Début	Fin	Durée

COUCHES

pipi/caca Temps   pipi/caca Temps

O O ———   O O ———
O O ———   O O ———
O O ———   O O ———

NOTES D'ACTIVITÉ

Livre de bord du nouveau-né

L'HUMEUR DE BÉBÉ

DATE

AM

NOURRITURE

PM

Temps	Nourriture	Montant		Temps	Nourriture	Montant

SOMMEIL

AM

PM

Début	Fin	Durée		Début	Fin	Durée

COUCHES

pipi/caca	Temps		pipi/caca	Temps
◯ ◯			◯ ◯	
◯ ◯			◯ ◯	
◯ ◯			◯ ◯	

NOTES D'ACTIVITÉ

Livre de bord du nouveau-né

L'HUMEUR DE BÉBÉ

DATE

NOURRITURE

AM

Temps	Nourriture	Montant

PM

Temps	Nourriture	Montant

SOMMEIL

AM

Début	Fin	Durée

PM

Début	Fin	Durée

COUCHES

pipi/caca   Temps

pipi/caca   Temps

NOTES D'ACTIVITÉ

Livre de bord du nouveau-né

L'HUMEUR DE BÉBÉ

😁 ☹️ 😌 😐 😠

DATE

NOURRITURE

AM

Temps	Nourriture	Montant
___	___	___
___	___	___
___	___	___
___	___	___
___	___	___
___	___	___

PM

Temps	Nourriture	Montant
___	___	___
___	___	___
___	___	___
___	___	___
___	___	___
___	___	___

SOMMEIL

AM

Début	Fin	Durée
___	___	___
___	___	___
___	___	___
___	___	___
___	___	___

PM

Début	Fin	Durée
___	___	___
___	___	___
___	___	___
___	___	___
___	___	___

COUCHES

pipi/caca	Temps
○ ○	___
○ ○	___
○ ○	___

pipi/caca	Temps
○ ○	___
○ ○	___
○ ○	___

NOTES D'ACTIVITÉ

Livre de bord du nouveau-né

L'HUMEUR DE BÉBÉ

😁 ☹ 😌 😐 😠

DATE

NOURRITURE

AM

Temps	Nourriture	Montant
———	———	———
———	———	———
———	———	———
———	———	———
———	———	———
———	———	———
———	———	———

PM

Temps	Nourriture	Montant
———	———	———
———	———	———
———	———	———
———	———	———
———	———	———
———	———	———
———	———	———

SOMMEIL

AM

Début	Fin	Durée
———	———	———
———	———	———
———	———	———
———	———	———
———	———	———

PM

Début	Fin	Durée
———	———	———
———	———	———
———	———	———
———	———	———
———	———	———

COUCHES

pipi/caca	Temps		pipi/caca	Temps
◯ ◯	———		◯ ◯	———
◯ ◯	———		◯ ◯	———
◯ ◯	———		◯ ◯	———

NOTES D'ACTIVITÉ

Livre de bord du nouveau-né

L'HUMEUR DE BÉBÉ

😁 ☹️ 😌 😐 😠

DATE

NOURRITURE

AM

Temps	Nourriture	Montant		Temps	Nourriture	Montant

PM

SOMMEIL

AM

Début	Fin	Durée		Début	Fin	Durée

PM

COUCHES

pipi/caca	Temps		pipi/caca	Temps
◯ ◯	——————		◯ ◯	——————
◯ ◯	——————		◯ ◯	——————
◯ ◯	——————		◯ ◯	——————

NOTES D'ACTIVITÉ

Livre de bord du nouveau-né

L'HUMEUR DE BÉBÉ

DATE

NOURRITURE

AM

Temps	Nourriture	Montant

PM

Temps	Nourriture	Montant

SOMMEIL

AM

Début	Fin	Durée

PM

Début	Fin	Durée

COUCHES

pipi/caca Temps

pipi/caca Temps

NOTES D'ACTIVITÉ

Livre de bord du nouveau-né

L'HUMEUR DE BÉBÉ

😁 ☹️ 😌 😐 😠

DATE

NOURRITURE

AM

Temps	Nourriture	Montant
___	___	___
___	___	___
___	___	___
___	___	___
___	___	___
___	___	___

PM

Temps	Nourriture	Montant
___	___	___
___	___	___
___	___	___
___	___	___
___	___	___
___	___	___

SOMMEIL

AM

Début	Fin	Durée
___	___	___
___	___	___
___	___	___
___	___	___
___	___	___

PM

Début	Fin	Durée
___	___	___
___	___	___
___	___	___
___	___	___
___	___	___

COUCHES

pipi/caca	Temps		pipi/caca	Temps
◯ ◯	___		◯ ◯	___
◯ ◯	___		◯ ◯	___
◯ ◯	___		◯ ◯	___

NOTES D'ACTIVITÉ

Livre de bord du nouveau-né

L'HUMEUR DE BÉBÉ

😁 ☹️ 😌 😐 😠

DATE

NOURRITURE

AM

Temps	Nourriture	Montant
———	———	———
———	———	———
———	———	———
———	———	———
———	———	———
———	———	———

PM

Temps	Nourriture	Montant
———	———	———
———	———	———
———	———	———
———	———	———
———	———	———
———	———	———

SOMMEIL

AM

Début	Fin	Durée
———	———	———
———	———	———
———	———	———
———	———	———
———	———	———
———	———	———

PM

Début	Fin	Durée
———	———	———
———	———	———
———	———	———
———	———	———
———	———	———
———	———	———

COUCHES

pipi/caca   Temps

○ ○ ———
○ ○ ———
○ ○ ———

pipi/caca   Temps

○ ○ ———
○ ○ ———
○ ○ ———

NOTES D'ACTIVITÉ

Livre de bord du nouveau-né

L'HUMEUR DE BÉBÉ

DATE

AM NOURRITURE **PM**

Temps	Nourriture	Montant		Temps	Nourriture	Montant

SOMMEIL

AM **PM**

Début	Fin	Durée		Début	Fin	Durée

COUCHES

pipi/caca	Temps		pipi/caca	Temps
◯ ◯			◯ ◯	
◯ ◯			◯ ◯	
◯ ◯			◯ ◯	

NOTES D'ACTIVITÉ

Livre de bord du nouveau-né

L'HUMEUR DE BÉBÉ 😁 ☹️ 😌 😐 😠

DATE

NOURRITURE

AM

Temps	Nourriture	Montant
___	___	___
___	___	___
___	___	___
___	___	___
___	___	___
___	___	___

PM

Temps	Nourriture	Montant
___	___	___
___	___	___
___	___	___
___	___	___
___	___	___
___	___	___

SOMMEIL

AM

Début	Fin	Durée
___	___	___
___	___	___
___	___	___
___	___	___
___	___	___
___	___	___

PM

Début	Fin	Durée
___	___	___
___	___	___
___	___	___
___	___	___
___	___	___
___	___	___

COUCHES

pipi/caca	Temps		pipi/caca	Temps
◯ ◯	___		◯ ◯	___
◯ ◯	___		◯ ◯	___
◯ ◯	___		◯ ◯	___

NOTES D'ACTIVITÉ

Livre de bord du nouveau-né

L'HUMEUR DE BÉBÉ

DATE

AM NOURRITURE PM

Temps	Nourriture	Montant		Temps	Nourriture	Montant

SOMMEIL

AM PM

Début	Fin	Durée		Début	Fin	Durée

COUCHES

pipi/caca	Temps		pipi/caca	Temps
○ ○	———		○ ○	———
○ ○	———		○ ○	———
○ ○	———		○ ○	———

NOTES D'ACTIVITÉ

Livre de bord du nouveau-né

L'HUMEUR DE BÉBÉ

DATE

NOURRITURE

AM

Temps	Nourriture	Montant

PM

Temps	Nourriture	Montant

SOMMEIL

AM

Début	Fin	Durée

PM

Début	Fin	Durée

COUCHES

pipi/caca	Temps		pipi/caca	Temps
○ ○			○ ○	
○ ○			○ ○	
○ ○			○ ○	

NOTES D'ACTIVITÉ

Livre de bord du nouveau-né

L'HUMEUR DE BÉBÉ 😁 ☹️ 😌 😐 😠   DATE

AM — NOURRITURE — PM

Temps	Nourriture	Montant		Temps	Nourriture	Montant

SOMMEIL

AM — PM

Début	Fin	Durée		Début	Fin	Durée

COUCHES

pipi/caca	Temps		pipi/caca	Temps
◯ ◯			◯ ◯	
◯ ◯			◯ ◯	
◯ ◯			◯ ◯	

NOTES D'ACTIVITÉ

Livre de bord du nouveau-né

L'HUMEUR DE BÉBÉ

DATE

AM — **NOURRITURE** — **PM**

Temps	Nourriture	Montant		Temps	Nourriture	Montant

SOMMEIL

AM — **PM**

Début	Fin	Durée		Début	Fin	Durée

COUCHES

pipi/caca   Temps

pipi/caca   Temps

NOTES D'ACTIVITÉ

Livre de bord du nouveau-né

L'HUMEUR DE BÉBÉ

😁 ☹️ 😌 😐 😠

DATE

NOURRITURE

AM

Temps	Nourriture	Montant

PM

Temps	Nourriture	Montant

SOMMEIL

AM

Début	Fin	Durée

PM

Début	Fin	Durée

COUCHES

pipi/caca	Temps		pipi/caca	Temps
○ ○	———		○ ○	———
○ ○	———		○ ○	———
○ ○	———		○ ○	———

NOTES D'ACTIVITÉ

Livre de bord du nouveau-né

L'HUMEUR DE BÉBÉ 😁 ☹️ 😌 😐 😠 **DATE**

NOURRITURE

AM

Temps	Nourriture	Montant
___	___	___
___	___	___
___	___	___
___	___	___
___	___	___
___	___	___

PM

Temps	Nourriture	Montant
___	___	___
___	___	___
___	___	___
___	___	___
___	___	___
___	___	___

SOMMEIL

AM

Début	Fin	Durée
___	___	___
___	___	___
___	___	___
___	___	___
___	___	___
___	___	___

PM

Début	Fin	Durée
___	___	___
___	___	___
___	___	___
___	___	___
___	___	___

COUCHES

pipi/caca	Temps
○ ○	___
○ ○	___
○ ○	___

pipi/caca	Temps
○ ○	___
○ ○	___
○ ○	___

NOTES D'ACTIVITÉ

Livre de bord du nouveau-né

L'HUMEUR DE BÉBÉ

😁 ☹️ 😌 😐 😠

DATE

NOURRITURE

AM

Temps	Nourriture	Montant

PM

Temps	Nourriture	Montant

SOMMEIL

AM

Début	Fin	Durée

PM

Début	Fin	Durée

COUCHES

pipi/caca	Temps
○ ○	
○ ○	
○ ○	

pipi/caca	Temps
○ ○	
○ ○	
○ ○	

NOTES D'ACTIVITÉ

Livre de bord du nouveau-né

L'HUMEUR DE BÉBÉ 😁 ☹️ 😌 😐 😠 **DATE**

NOURRITURE

AM

Temps	Nourriture	Montant

PM

Temps	Nourriture	Montant

SOMMEIL

AM

Début	Fin	Durée

PM

Début	Fin	Durée

COUCHES

pipi/caca	Temps

pipi/caca	Temps

NOTES D'ACTIVITÉ

Livre de bord du nouveau-né

L'HUMEUR DE BÉBÉ

DATE

AM

NOURRITURE

PM

Temps	Nourriture	Montant		Temps	Nourriture	Montant

AM

SOMMEIL

PM

Début	Fin	Durée		Début	Fin	Durée

COUCHES

pipi/caca	Temps		pipi/caca	Temps
○ ○			○ ○	
○ ○			○ ○	
○ ○			○ ○	

NOTES D'ACTIVITÉ

Livre de bord du nouveau-né

L'HUMEUR DE BÉBÉ

😁 ☹️ 😌 😐 😠

DATE

NOURRITURE

AM

Temps	Nourriture	Montant

PM

Temps	Nourriture	Montant

SOMMEIL

AM

Début	Fin	Durée

PM

Début	Fin	Durée

COUCHES

pipi/caca   Temps

pipi/caca   Temps

NOTES D'ACTIVITÉ

Livre de bord du nouveau-né

L'HUMEUR DE BÉBÉ

😁 ☹ 😌 😐 😠

DATE

NOURRITURE

AM

Temps	Nourriture	Montant

PM

Temps	Nourriture	Montant

SOMMEIL

AM

Début	Fin	Durée

PM

Début	Fin	Durée

COUCHES

pipi/caca	Temps		pipi/caca	Temps
○ ○			○ ○	
○ ○			○ ○	
○ ○			○ ○	

NOTES D'ACTIVITÉ

Livre de bord du nouveau-né

L'HUMEUR DE BÉBÉ   😁 ☹️ 😌 😐 😠   **DATE**

AM   **NOURRITURE**   **PM**

Temps	Nourriture	Montant		Temps	Nourriture	Montant

SOMMEIL

AM   **PM**

Début	Fin	Durée		Début	Fin	Durée

COUCHES

pipi/caca   Temps   pipi/caca   Temps

NOTES D'ACTIVITÉ

Livre de bord du nouveau-né

L'HUMEUR DE BÉBÉ

😁 ☹️ 😌 😐 😠

DATE

AM

NOURRITURE

PM

Temps	Nourriture	Montant		Temps	Nourriture	Montant

AM

SOMMEIL

PM

Début	Fin	Durée		Début	Fin	Durée

COUCHES

pipi/caca	Temps		pipi/caca	Temps
○ ○			○ ○	
○ ○			○ ○	
○ ○			○ ○	

NOTES D'ACTIVITÉ

Livre de bord du nouveau-né

L'HUMEUR DE BÉBÉ

DATE

AM NOURRITURE **PM**

Temps	Nourriture	Montant		Temps	Nourriture	Montant

SOMMEIL

AM **PM**

Début	Fin	Durée		Début	Fin	Durée

COUCHES

pipi/caca Temps pipi/caca Temps

NOTES D'ACTIVITÉ

Livre de bord du nouveau-né

L'HUMEUR DE BÉBÉ

😁 ☹ 😌 😐 😠

DATE

AM — NOURRITURE — PM

Temps	Nourriture	Montant		Temps	Nourriture	Montant

SOMMEIL

AM — PM

Début	Fin	Durée		Début	Fin	Durée

COUCHES

pipi/caca	Temps		pipi/caca	Temps
◯ ◯			◯ ◯	
◯ ◯			◯ ◯	
◯ ◯			◯ ◯	

NOTES D'ACTIVITÉ

Livre de bord du nouveau-né

L'HUMEUR DE BÉBÉ   😁 ☹️ 😌 😐 😠   **DATE**

AM   **NOURRITURE**   **PM**

Temps Nourriture Montant   Temps Nourriture Montant

AM   **SOMMEIL**   **PM**

Début Fin Durée   Début Fin Durée

COUCHES

pipi/caca Temps   pipi/caca Temps

NOTES D'ACTIVITÉ

Livre de bord du nouveau-né

L'HUMEUR DE BÉBÉ

DATE

AM — NOURRITURE — PM

Temps	Nourriture	Montant		Temps	Nourriture	Montant

SOMMEIL

AM — PM

Début	Fin	Durée		Début	Fin	Durée

COUCHES

pipi/caca   Temps   pipi/caca   Temps

NOTES D'ACTIVITÉ

Livre de bord du nouveau-né

L'HUMEUR DE BÉBÉ 😁 ☹ 😌 😐 😠   **DATE**

NOURRITURE

AM				PM		
Temps	Nourriture	Montant		Temps	Nourriture	Montant
———	———	———		———	———	———
———	———	———		———	———	———
———	———	———		———	———	———
———	———	———		———	———	———
———	———	———		———	———	———
———	———	———		———	———	———

SOMMEIL

AM				PM		
Début	Fin	Durée		Début	Fin	Durée
———	———	———		———	———	———
———	———	———		———	———	———
———	———	———		———	———	———
———	———	———		———	———	———
———	———	———		———	———	———
———	———	———		———	———	———

COUCHES

pipi/caca	Temps		pipi/caca	Temps
○ ○	———		○ ○	———
○ ○	———		○ ○	———
○ ○	———		○ ○	———

NOTES D'ACTIVITÉ

Livre de bord du nouveau-né

L'HUMEUR DE BÉBÉ 😁 ☹️ 😌 😐 😠   DATE

AM   NOURRITURE   PM

Temps	Nourriture	Montant		Temps	Nourriture	Montant

SOMMEIL

AM   PM

Début	Fin	Durée		Début	Fin	Durée

COUCHES

pipi/caca	Temps		pipi/caca	Temps
◯ ◯			◯ ◯	
◯ ◯			◯ ◯	
◯ ◯			◯ ◯	

NOTES D'ACTIVITÉ

Livre de bord du nouveau-né

L'HUMEUR DE BÉBÉ   😁 ☹️ 😌 😐 😠

DATE

NOURRITURE

AM

Temps	Nourriture	Montant

PM

Temps	Nourriture	Montant

SOMMEIL

AM

Début	Fin	Durée

PM

Début	Fin	Durée

COUCHES

pipi/caca   Temps

pipi/caca   Temps

NOTES D'ACTIVITÉ

Livre de bord du nouveau-né

L'HUMEUR DE BÉBÉ

😁 ☹️ 😌 😐 😠

DATE

NOURRITURE

AM

Temps	Nourriture	Montant

PM

Temps	Nourriture	Montant

SOMMEIL

AM

Début	Fin	Durée

PM

Début	Fin	Durée

COUCHES

pipi/caca	Temps		pipi/caca	Temps
○ ○			○ ○	
○ ○			○ ○	
○ ○			○ ○	

NOTES D'ACTIVITÉ

Livre de bord du nouveau-né

L'HUMEUR DE BÉBÉ

DATE

NOURRITURE

AM

Temps	Nourriture	Montant

PM

Temps	Nourriture	Montant

SOMMEIL

AM

Début	Fin	Durée

PM

Début	Fin	Durée

COUCHES

pipi/caca   Temps

pipi/caca   Temps

NOTES D'ACTIVITÉ

Livre de bord du nouveau-né

L'HUMEUR DE BÉBÉ

DATE

NOURRITURE

AM

Temps	Nourriture	Montant

PM

Temps	Nourriture	Montant

SOMMEIL

AM

Début	Fin	Durée

PM

Début	Fin	Durée

COUCHES

pipi/caca	Temps		pipi/caca	Temps
O O			O O	
O O			O O	
O O			O O	

NOTES D'ACTIVITÉ

Livre de bord du nouveau-né

L'HUMEUR DE BÉBÉ

😁 ☹️ 😌 😐 😠

DATE

NOURRITURE

AM

Temps	Nourriture	Montant

PM

Temps	Nourriture	Montant

SOMMEIL

AM

Début	Fin	Durée

PM

Début	Fin	Durée

COUCHES

pipi/caca Temps

pipi/caca Temps

NOTES D'ACTIVITÉ

Livre de bord du nouveau-né

L'HUMEUR DE BÉBÉ

😁 ☹️ 😌 😐 😠

DATE

NOURRITURE

AM

Temps	Nourriture	Montant

PM

Temps	Nourriture	Montant

SOMMEIL

AM

Début	Fin	Durée

PM

Début	Fin	Durée

COUCHES

pipi/caca Temps

○ ○ ———
○ ○ ———
○ ○ ———

pipi/caca Temps

○ ○ ———
○ ○ ———
○ ○ ———

NOTES D'ACTIVITÉ

Livre de bord du nouveau-né

L'HUMEUR DE BÉBÉ

😁 ☹️ 😌 😐 😠

DATE

NOURRITURE

AM

Temps	Nourriture	Montant
______	______	______
______	______	______
______	______	______
______	______	______
______	______	______
______	______	______

PM

Temps	Nourriture	Montant
______	______	______
______	______	______
______	______	______
______	______	______
______	______	______
______	______	______

SOMMEIL

AM

Début	Fin	Durée
______	______	______
______	______	______
______	______	______
______	______	______
______	______	______
______	______	______

PM

Début	Fin	Durée
______	______	______
______	______	______
______	______	______
______	______	______
______	______	______
______	______	______

COUCHES

pipi/caca	Temps		pipi/caca	Temps
◯ ◯	______		◯ ◯	______
◯ ◯	______		◯ ◯	______
◯ ◯	______		◯ ◯	______

NOTES D'ACTIVITÉ

Livre de bord du nouveau-né

L'HUMEUR DE BÉBÉ   😁 ☹️ 😌 😐 😠   **DATE**

AM   **NOURRITURE**   **PM**

Temps	Nourriture	Montant		Temps	Nourriture	Montant

SOMMEIL

AM   **PM**

Début	Fin	Durée		Début	Fin	Durée

COUCHES

pipi/caca   Temps   pipi/caca   Temps

pipi	caca	Temps		pipi	caca	Temps
○	○	———		○	○	———
○	○	———		○	○	———
○	○	———		○	○	———

NOTES D'ACTIVITÉ

Livre de bord du nouveau-né

L'HUMEUR DE BÉBÉ

😁 ☹️ 😌 😐 😠

DATE

AM

NOURRITURE

PM

Temps	Nourriture	Montant		Temps	Nourriture	Montant

SOMMEIL

AM

PM

Début	Fin	Durée		Début	Fin	Durée

COUCHES

pipi/caca	Temps		pipi/caca	Temps
◯ ◯	—		◯ ◯	—
◯ ◯	—		◯ ◯	—
◯ ◯	—		◯ ◯	—

NOTES D'ACTIVITÉ

Livre de bord du nouveau-né

L'HUMEUR DE BÉBÉ

😁 ☹️ 😌 😐 😠

DATE

NOURRITURE

AM

Temps	Nourriture	Montant
___	___	___
___	___	___
___	___	___
___	___	___
___	___	___
___	___	___

PM

Temps	Nourriture	Montant
___	___	___
___	___	___
___	___	___
___	___	___
___	___	___
___	___	___

SOMMEIL

AM

Début	Fin	Durée
___	___	___
___	___	___
___	___	___
___	___	___
___	___	___
___	___	___

PM

Début	Fin	Durée
___	___	___
___	___	___
___	___	___
___	___	___
___	___	___
___	___	___

COUCHES

pipi/caca Temps

○ ○ ———
○ ○ ———
○ ○ ———

pipi/caca Temps

○ ○ ———
○ ○ ———
○ ○ ———

NOTES D'ACTIVITÉ

Livre de bord du nouveau-né

L'HUMEUR DE BÉBÉ   😁 ☹️ 😌 😐 😠   **DATE**

NOURRITURE

AM

Temps	Nourriture	Montant

PM

Temps	Nourriture	Montant

SOMMEIL

AM

Début	Fin	Durée

PM

Début	Fin	Durée

COUCHES

pipi/caca   Temps

○ ○ ————
○ ○ ————
○ ○ ————

pipi/caca   Temps

○ ○ ————
○ ○ ————
○ ○ ————

NOTES D'ACTIVITÉ

Livre de bord du nouveau-né

L'HUMEUR DE BÉBÉ

😁 🙁 😌 😐 😠

DATE

NOURRITURE

AM

Temps	Nourriture	Montant

PM

Temps	Nourriture	Montant

SOMMEIL

AM

Début	Fin	Durée

PM

Début	Fin	Durée

COUCHES

pipi/caca	Temps
○ ○	
○ ○	
○ ○	

pipi/caca	Temps
○ ○	
○ ○	
○ ○	

NOTES D'ACTIVITÉ

Livre de bord du nouveau-né

L'HUMEUR DE BÉBÉ

😁 ☹️ 😌 😐 😠

DATE

AM

NOURRITURE

PM

Temps	Nourriture	Montant		Temps	Nourriture	Montant

AM

SOMMEIL

PM

Début	Fin	Durée		Début	Fin	Durée

COUCHES

pipi/caca Temps   pipi/caca Temps

NOTES D'ACTIVITÉ

Livre de bord du nouveau-né

L'HUMEUR DE BÉBÉ

😁 ☹️ 😌 😐 😠

DATE

NOURRITURE

AM

Temps	Nourriture	Montant
____	____	____
____	____	____
____	____	____
____	____	____
____	____	____
____	____	____

PM

Temps	Nourriture	Montant
____	____	____
____	____	____
____	____	____
____	____	____
____	____	____
____	____	____

SOMMEIL

AM

Début	Fin	Durée
____	____	____
____	____	____
____	____	____
____	____	____
____	____	____

PM

Début	Fin	Durée
____	____	____
____	____	____
____	____	____
____	____	____
____	____	____

COUCHES

pipi/caca	Temps		pipi/caca	Temps
○ ○	____		○ ○	____
○ ○	____		○ ○	____
○ ○	____		○ ○	____

NOTES D'ACTIVITÉ

Livre de bord du nouveau-né

L'HUMEUR DE BÉBÉ

😁 ☹️ 😌 😐 😠

DATE

NOURRITURE

AM

Temps	Nourriture	Montant

PM

Temps	Nourriture	Montant

SOMMEIL

AM

Début	Fin	Durée

PM

Début	Fin	Durée

COUCHES

pipi/caca	Temps	pipi/caca	Temps
○ ○		○ ○	
○ ○		○ ○	
○ ○		○ ○	

NOTES D'ACTIVITÉ

Livre de bord du nouveau-né

L'HUMEUR DE BÉBÉ

DATE

NOURRITURE

AM

Temps	Nourriture	Montant		Temps	Nourriture	Montant

PM

SOMMEIL

AM

Début	Fin	Durée		Début	Fin	Durée

PM

COUCHES

pipi/caca Temps   pipi/caca Temps

NOTES D'ACTIVITÉ

Livre de bord du nouveau-né

L'HUMEUR DE BÉBÉ

😁 ☹️ 😌 😐 😠

DATE

AM **NOURRITURE** **PM**

Temps	Nourriture	Montant		Temps	Nourriture	Montant

SOMMEIL

AM **PM**

Début	Fin	Durée		Début	Fin	Durée

COUCHES

pipi/caca Temps   pipi/caca Temps

○ ○ ———   ○ ○ ———

○ ○ ———   ○ ○ ———

○ ○ ———   ○ ○ ———

NOTES D'ACTIVITÉ

Livre de bord du nouveau-né

L'HUMEUR DE BÉBÉ

😁 ☹️ 😌 😐 😠

DATE

NOURRITURE

AM

Temps	Nourriture	Montant
___	___	___
___	___	___
___	___	___
___	___	___
___	___	___
___	___	___

PM

Temps	Nourriture	Montant
___	___	___
___	___	___
___	___	___
___	___	___
___	___	___
___	___	___

SOMMEIL

AM

Début	Fin	Durée
___	___	___
___	___	___
___	___	___
___	___	___
___	___	___

PM

Début	Fin	Durée
___	___	___
___	___	___
___	___	___
___	___	___
___	___	___

COUCHES

pipi/caca	Temps		pipi/caca	Temps
○ ○	___		○ ○	___
○ ○	___		○ ○	___
○ ○	___		○ ○	___

NOTES D'ACTIVITÉ

Livre de bord du nouveau-né

L'HUMEUR DE BÉBÉ 😁 ☹️ 😌 😐 😠 **DATE**

NOURRITURE

AM

Temps	Nourriture	Montant

PM

Temps	Nourriture	Montant

SOMMEIL

AM

Début	Fin	Durée

PM

Début	Fin	Durée

COUCHES

pipi/caca	Temps		pipi/caca	Temps
○ ○	———		○ ○	———
○ ○	———		○ ○	———
○ ○	———		○ ○	———

NOTES D'ACTIVITÉ

Livre de bord du nouveau-né

L'HUMEUR DE BÉBÉ

😁 😞 😌 😐 😠

DATE

NOURRITURE

AM

Temps	Nourriture	Montant

PM

Temps	Nourriture	Montant

SOMMEIL

AM

Début	Fin	Durée

PM

Début	Fin	Durée

COUCHES

pipi/caca	Temps		pipi/caca	Temps
○ ○			○ ○	
○ ○			○ ○	
○ ○			○ ○	

NOTES D'ACTIVITÉ

Livre de bord du nouveau-né

L'HUMEUR DE BÉBÉ

😁 ☹️ 😌 😐 😠

DATE

NOURRITURE

AM

Temps	Nourriture	Montant

PM

Temps	Nourriture	Montant

SOMMEIL

AM

Début	Fin	Durée

PM

Début	Fin	Durée

COUCHES

pipi/caca Temps

pipi/caca Temps

NOTES D'ACTIVITÉ

Livre de bord du nouveau-né

L'HUMEUR DE BÉBÉ

😁 🙁 😌 😐 😠

DATE

AM — NOURRITURE — **PM**

Temps	Nourriture	Montant		Temps	Nourriture	Montant

SOMMEIL

AM — **PM**

Début	Fin	Durée		Début	Fin	Durée

COUCHES

pipi/caca	Temps		pipi/caca	Temps
○ ○			○ ○	
○ ○			○ ○	
○ ○			○ ○	

NOTES D'ACTIVITÉ

Livre de bord du nouveau-né

L'HUMEUR DE BÉBÉ

😁 ☹️ 😌 😐 😠

DATE

NOURRITURE

AM

Temps	Nourriture	Montant

PM

Temps	Nourriture	Montant

SOMMEIL

AM

Début	Fin	Durée

PM

Début	Fin	Durée

COUCHES

pipi/caca Temps

pipi/caca Temps

NOTES D'ACTIVITÉ

Livre de bord du nouveau-né

L'HUMEUR DE BÉBÉ

😁 ☹️ 😌 😐 😠

DATE

NOURRITURE

AM

Temps	Nourriture	Montant

PM

Temps	Nourriture	Montant

SOMMEIL

AM

Début	Fin	Durée

PM

Début	Fin	Durée

COUCHES

pipi/caca	Temps	pipi/caca	Temps
○ ○		○ ○	
○ ○		○ ○	
○ ○		○ ○	

NOTES D'ACTIVITÉ

Livre de bord du nouveau-né

L'HUMEUR DE BÉBÉ

DATE

NOURRITURE

AM

Temps	Nourriture	Montant

PM

Temps	Nourriture	Montant

SOMMEIL

AM

Début	Fin	Durée

PM

Début	Fin	Durée

COUCHES

pipi/caca Temps

pipi/caca Temps

NOTES D'ACTIVITÉ

Livre de bord du nouveau-né

L'HUMEUR DE BÉBÉ

😁 ☹ 😌 😐 😠

DATE

NOURRITURE

AM

Temps	Nourriture	Montant

PM

Temps	Nourriture	Montant

SOMMEIL

AM

Début	Fin	Durée

PM

Début	Fin	Durée

COUCHES

pipi/caca Temps

○ ○ ——————
○ ○ ——————
○ ○ ——————

pipi/caca Temps

○ ○ ——————
○ ○ ——————
○ ○ ——————

NOTES D'ACTIVITÉ

Livre de bord du nouveau-né

L'HUMEUR DE BÉBÉ 😁 ☹ 😌 😐 😠

DATE

NOURRITURE

AM

Temps	Nourriture	Montant

PM

Temps	Nourriture	Montant

SOMMEIL

AM

Début	Fin	Durée

PM

Début	Fin	Durée

COUCHES

pipi/caca	Temps	pipi/caca	Temps
◯ ◯		◯ ◯	
◯ ◯		◯ ◯	
◯ ◯		◯ ◯	

NOTES D'ACTIVITÉ

Livre de bord du nouveau-né

L'HUMEUR DE BÉBÉ

😁 ☹️ 😌 😐 😠

DATE

AM

NOURRITURE

PM

Temps	Nourriture	Montant		Temps	Nourriture	Montant
___	___	___		___	___	___
___	___	___		___	___	___
___	___	___		___	___	___
___	___	___		___	___	___
___	___	___		___	___	___
___	___	___		___	___	___

AM

SOMMEIL

PM

Début	Fin	Durée		Début	Fin	Durée
___	___	___		___	___	___
___	___	___		___	___	___
___	___	___		___	___	___
___	___	___		___	___	___
___	___	___		___	___	___
___	___	___		___	___	___

COUCHES

pipi/caca	Temps		pipi/caca	Temps
○ ○	———		○ ○	———
○ ○	———		○ ○	———
○ ○	———		○ ○	———

NOTES D'ACTIVITÉ

Livre de bord du nouveau-né

L'HUMEUR DE BÉBÉ

DATE

AM **NOURRITURE** **PM**

Temps	Nourriture	Montant		Temps	Nourriture	Montant

SOMMEIL

AM **PM**

Début	Fin	Durée		Début	Fin	Durée

COUCHES

pipi/caca Temps   pipi/caca Temps

NOTES D'ACTIVITÉ

Livre de bord du nouveau-né

L'HUMEUR DE BÉBÉ

😁 ☹️ 😌 😐 😠

DATE

NOURRITURE

AM

Temps	Nourriture	Montant
___	___	___
___	___	___
___	___	___
___	___	___
___	___	___
___	___	___

PM

Temps	Nourriture	Montant
___	___	___
___	___	___
___	___	___
___	___	___
___	___	___
___	___	___

SOMMEIL

AM

Début	Fin	Durée
___	___	___
___	___	___
___	___	___
___	___	___
___	___	___

PM

Début	Fin	Durée
___	___	___
___	___	___
___	___	___
___	___	___
___	___	___

COUCHES

pipi/caca	Temps		pipi/caca	Temps
○ ○	___		○ ○	___
○ ○	___		○ ○	___
○ ○	___		○ ○	___

NOTES D'ACTIVITÉ

Livre de bord du nouveau-né

L'HUMEUR DE BÉBÉ

DATE

NOURRITURE

AM

Temps	Nourriture	Montant

PM

Temps	Nourriture	Montant

SOMMEIL

AM

Début	Fin	Durée

PM

Début	Fin	Durée

COUCHES

pipi/caca	Temps

pipi/caca	Temps

NOTES D'ACTIVITÉ

Livre de bord du nouveau-né

L'HUMEUR DE BÉBÉ

DATE

AM

NOURRITURE

PM

Temps	Nourriture	Montant		Temps	Nourriture	Montant

AM

SOMMEIL

PM

Début	Fin	Durée		Début	Fin	Durée

COUCHES

pipi/caca   Temps   pipi/caca   Temps

NOTES D'ACTIVITÉ

Livre de bord du nouveau-né

L'HUMEUR DE BÉBÉ 😁 ☹️ 😌 😐 😠   **DATE**

NOURRITURE

AM

Temps	Nourriture	Montant		Temps	Nourriture	Montant

PM

SOMMEIL

AM

Début	Fin	Durée		Début	Fin	Durée

PM

COUCHES

pipi/caca	Temps		pipi/caca	Temps
○ ○			○ ○	
○ ○			○ ○	
○ ○			○ ○	

NOTES D'ACTIVITÉ

Livre de bord du nouveau-né

L'HUMEUR DE BÉBÉ

😁 ☹️ 😌 😐 😠

DATE

NOURRITURE

AM

Temps	Nourriture	Montant

PM

Temps	Nourriture	Montant

SOMMEIL

AM

Début	Fin	Durée

PM

Début	Fin	Durée

COUCHES

pipi/caca	Temps		pipi/caca	Temps
○ ○			○ ○	
○ ○			○ ○	
○ ○			○ ○	

NOTES D'ACTIVITÉ

Livre de bord du nouveau-né

L'HUMEUR DE BÉBÉ 😁 ☹ 😌 😐 😠   **DATE**

AM   **NOURRITURE**   **PM**

Temps	Nourriture	Montant	Temps	Nourriture	Montant

SOMMEIL

AM   **PM**

Début	Fin	Durée	Début	Fin	Durée

COUCHES

pipi/caca Temps   pipi/caca Temps
○ ○ ——   ○ ○ ——
○ ○ ——   ○ ○ ——
○ ○ ——   ○ ○ ——

NOTES D'ACTIVITÉ

Livre de bord du nouveau-né

L'HUMEUR DE BÉBÉ

😁 ☹ 😌 😐 😠

DATE

NOURRITURE

AM

Temps	Nourriture	Montant

PM

Temps	Nourriture	Montant

SOMMEIL

AM

Début	Fin	Durée

PM

Début	Fin	Durée

COUCHES

pipi/caca	Temps
◯ ◯	
◯ ◯	
◯ ◯	

pipi/caca	Temps
◯ ◯	
◯ ◯	
◯ ◯	

NOTES D'ACTIVITÉ

Livre de bord du nouveau-né

L'HUMEUR DE BÉBÉ 😁 ☹️ 😌 😐 😠 **DATE**

AM **NOURRITURE** **PM**

Temps Nourriture Montant | Temps Nourriture Montant

SOMMEIL

AM **PM**

Début Fin Durée | Début Fin Durée

COUCHES

pipi/caca Temps | pipi/caca Temps

NOTES D'ACTIVITÉ

Livre de bord du nouveau-né

L'HUMEUR DE BÉBÉ

DATE

NOURRITURE

AM

Temps	Nourriture	Montant

PM

Temps	Nourriture	Montant

SOMMEIL

AM

Début	Fin	Durée

PM

Début	Fin	Durée

COUCHES

pipi/caca	Temps
○ ○	
○ ○	
○ ○	

pipi/caca	Temps
○ ○	
○ ○	
○ ○	

NOTES D'ACTIVITÉ

Livre de bord du nouveau-né

L'HUMEUR DE BÉBÉ 😁 ☹️ 😌 😐 😠 **DATE**

NOURRITURE

AM

Temps	Nourriture	Montant

PM

Temps	Nourriture	Montant

SOMMEIL

AM

Début	Fin	Durée

PM

Début	Fin	Durée

COUCHES

pipi/caca Temps

pipi/caca Temps

NOTES D'ACTIVITÉ

Livre de bord du nouveau-né

L'HUMEUR DE BÉBÉ

😁 ☹️ 😌 😐 😠

DATE

NOURRITURE

AM

Temps	Nourriture	Montant

PM

Temps	Nourriture	Montant

SOMMEIL

AM

Début	Fin	Durée

PM

Début	Fin	Durée

COUCHES

AM

pipi/caca		Temps
○	○	
○	○	
○	○	

PM

pipi/caca		Temps
○	○	
○	○	
○	○	

NOTES D'ACTIVITÉ

Livre de bord du nouveau-né

L'HUMEUR DE BÉBÉ

DATE

AM **NOURRITURE** **PM**

Temps	Nourriture	Montant		Temps	Nourriture	Montant

SOMMEIL

AM **PM**

Début	Fin	Durée		Début	Fin	Durée

COUCHES

pipi/caca   Temps   pipi/caca   Temps

NOTES D'ACTIVITÉ

Livre de bord du nouveau-né

L'HUMEUR DE BÉBÉ

😁 ☹️ 😌 😐 😠

DATE

AM — NOURRITURE — PM

Temps	Nourriture	Montant		Temps	Nourriture	Montant

SOMMEIL

AM — PM

Début	Fin	Durée		Début	Fin	Durée

COUCHES

pipi/caca Temps   pipi/caca Temps

NOTES D'ACTIVITÉ

Livre de bord du nouveau-né

L'HUMEUR DE BÉBÉ 😁 ☹️ 😌 😐 😠

DATE

NOURRITURE

AM

Temps	Nourriture	Montant

PM

Temps	Nourriture	Montant

SOMMEIL

AM

Début	Fin	Durée

PM

Début	Fin	Durée

COUCHES

pipi/caca Temps

pipi/caca Temps

NOTES D'ACTIVITÉ

Livre de bord du nouveau-né

L'HUMEUR DE BÉBÉ

DATE

AM

NOURRITURE

PM

Temps	Nourriture	Montant		Temps	Nourriture	Montant

SOMMEIL

AM

PM

Début	Fin	Durée		Début	Fin	Durée

COUCHES

pipi/caca   Temps

pipi/caca   Temps

NOTES D'ACTIVITÉ

Livre de bord du nouveau-né

L'HUMEUR DE BÉBÉ

DATE

NOURRITURE

AM

Temps	Nourriture	Montant

PM

Temps	Nourriture	Montant

SOMMEIL

AM

Début	Fin	Durée

PM

Début	Fin	Durée

COUCHES

pipi/caca   Temps

pipi/caca   Temps

NOTES D'ACTIVITÉ

Livre de bord du nouveau-né

L'HUMEUR DE BÉBÉ

😁 ☹ 😌 😐 😠

DATE

AM

NOURRITURE

PM

Temps	Nourriture	Montant		Temps	Nourriture	Montant

AM

SOMMEIL

PM

Début	Fin	Durée		Début	Fin	Durée

COUCHES

pipi/caca	Temps		pipi/caca	Temps
◯ ◯	———		◯ ◯	———
◯ ◯	———		◯ ◯	———
◯ ◯	———		◯ ◯	———

NOTES D'ACTIVITÉ

Livre de bord du nouveau-né

L'HUMEUR DE BÉBÉ 😁 ☹ 😌 😐 😠 **DATE**

AM **NOURRITURE** **PM**

| Temps | Nourriture | Montant | | Temps | Nourriture | Montant |

SOMMEIL

AM **PM**

| Début | Fin | Durée | | Début | Fin | Durée |

COUCHES

pipi/caca Temps   pipi/caca Temps

○ ○ ———   ○ ○ ———
○ ○ ———   ○ ○ ———
○ ○ ———   ○ ○ ———

NOTES D'ACTIVITÉ

Livre de bord du nouveau-né

L'HUMEUR DE BÉBÉ

😁 ☹️ 😌 😐 😠

DATE

AM · NOURRITURE · PM

Temps	Nourriture	Montant		Temps	Nourriture	Montant

SOMMEIL

AM · **PM**

Début	Fin	Durée		Début	Fin	Durée

COUCHES

pipi/caca	Temps		pipi/caca	Temps
◯ ◯			◯ ◯	
◯ ◯			◯ ◯	
◯ ◯			◯ ◯	

NOTES D'ACTIVITÉ

Livre de bord du nouveau-né

L'HUMEUR DE BÉBÉ

😁 ☹️ 😌 😐 😠

DATE

NOURRITURE

AM

Temps	Nourriture	Montant
———		———
———		———
———		———
———		———
———		———
———		———

PM

Temps	Nourriture	Montant
———		———
———		———
———		———
———		———
———		———
———		———

SOMMEIL

AM

Début	Fin	Durée
———	———	———
———	———	———
———	———	———
———	———	———
———	———	———
———	———	———

PM

Début	Fin	Durée
———	———	———
———	———	———
———	———	———
———	———	———
———	———	———
———	———	———

COUCHES

pipi/caca Temps

pipi/caca Temps

NOTES D'ACTIVITÉ

Livre de bord du nouveau-né

L'HUMEUR DE BÉBÉ

😁 ☹️ 😌 😐 😠

DATE

NOURRITURE

AM

Temps	Nourriture	Montant

PM

Temps	Nourriture	Montant

SOMMEIL

AM

Début	Fin	Durée

PM

Début	Fin	Durée

COUCHES

pipi/caca	Temps
◯ ◯	
◯ ◯	
◯ ◯	

pipi/caca	Temps
◯ ◯	
◯ ◯	
◯ ◯	

NOTES D'ACTIVITÉ

Livre de bord du nouveau-né

L'HUMEUR DE BÉBÉ

😁 ☹️ 😌 😐 😠

DATE

NOURRITURE

AM

Temps	Nourriture	Montant

PM

Temps	Nourriture	Montant

SOMMEIL

AM

Début	Fin	Durée

PM

Début	Fin	Durée

COUCHES

pipi/caca Temps

○ ○ ———
○ ○ ———
○ ○ ———

pipi/caca Temps

○ ○ ———
○ ○ ———
○ ○ ———

NOTES D'ACTIVITÉ

Livre de bord du nouveau-né

L'HUMEUR DE BÉBÉ

DATE

NOURRITURE

AM

Temps	Nourriture	Montant
——	——	——
——	——	——
——	——	——
——	——	——
——	——	——
——	——	——

PM

Temps	Nourriture	Montant
——	——	——
——	——	——
——	——	——
——	——	——
——	——	——
——	——	——

SOMMEIL

AM

Début	Fin	Durée
——	——	——
——	——	——
——	——	——
——	——	——
——	——	——

PM

Début	Fin	Durée
——	——	——
——	——	——
——	——	——
——	——	——
——	——	——

COUCHES

pipi/caca	Temps		pipi/caca	Temps
○ ○	——		○ ○	——
○ ○	——		○ ○	——
○ ○	——		○ ○	——

NOTES D'ACTIVITÉ

Livre de bord du nouveau-né

L'HUMEUR DE BÉBÉ 😁 ☹️ 😌 😐 😠 **DATE**

NOURRITURE

AM

Temps	Nourriture	Montant

PM

Temps	Nourriture	Montant

SOMMEIL

AM

Début	Fin	Durée

PM

Début	Fin	Durée

COUCHES

pipi/caca	Temps		pipi/caca	Temps
◯ ◯			◯ ◯	
◯ ◯			◯ ◯	
◯ ◯			◯ ◯	

NOTES D'ACTIVITÉ

Livre de bord du nouveau-né

L'HUMEUR DE BÉBÉ 😁 ☹️ 😌 😐 😠

DATE

NOURRITURE

AM

Temps	Nourriture	Montant
______	______	______
______	______	______
______	______	______
______	______	______
______	______	______
______	______	______
______	______	______

PM

Temps	Nourriture	Montant
______	______	______
______	______	______
______	______	______
______	______	______
______	______	______
______	______	______
______	______	______

SOMMEIL

AM

Début	Fin	Durée
______	______	______
______	______	______
______	______	______
______	______	______
______	______	______
______	______	______

PM

Début	Fin	Durée
______	______	______
______	______	______
______	______	______
______	______	______
______	______	______

COUCHES

pipi/caca	Temps		pipi/caca	Temps
◯ ◯	______		◯ ◯	______
◯ ◯	______		◯ ◯	______
◯ ◯	______		◯ ◯	______

NOTES D'ACTIVITÉ

Livre de bord du nouveau-né

L'HUMEUR DE BÉBÉ

DATE

NOURRITURE

AM

Temps	Nourriture	Montant

PM

Temps	Nourriture	Montant

SOMMEIL

AM

Début	Fin	Durée

PM

Début	Fin	Durée

COUCHES

pipi/caca   Temps

pipi/caca   Temps

NOTES D'ACTIVITÉ

Livre de bord du nouveau-né

L'HUMEUR DE BÉBÉ

😁 ☹️ 😌 😐 😠

DATE

NOURRITURE

AM

Temps	Nourriture	Montant

PM

Temps	Nourriture	Montant

SOMMEIL

AM

Début	Fin	Durée

PM

Début	Fin	Durée

COUCHES

AM

pipi/caca	Temps
◯ ◯	
◯ ◯	
◯ ◯	

PM

pipi/caca	Temps
◯ ◯	
◯ ◯	
◯ ◯	

NOTES D'ACTIVITÉ

Livre de bord du nouveau-né

L'HUMEUR DE BÉBÉ   😁 ☹️ 😌 😐 😠

DATE

NOURRITURE

AM

Temps	Nourriture	Montant

PM

Temps	Nourriture	Montant

SOMMEIL

AM

Début	Fin	Durée

PM

Début	Fin	Durée

COUCHES

pipi/caca   Temps   pipi/caca   Temps

NOTES D'ACTIVITÉ

Livre de bord du nouveau-né

L'HUMEUR DE BÉBÉ

DATE

NOURRITURE

AM

Temps	Nourriture	Montant

PM

Temps	Nourriture	Montant

SOMMEIL

AM

Début	Fin	Durée

PM

Début	Fin	Durée

COUCHES

pipi/caca	Temps		pipi/caca	Temps
○ ○			○ ○	
○ ○			○ ○	
○ ○			○ ○	

NOTES D'ACTIVITÉ

Livre de bord du nouveau-né

L'HUMEUR DE BÉBÉ

DATE

NOURRITURE

AM

Temps	Nourriture	Montant		Temps	Nourriture	Montant

PM

SOMMEIL

AM

Début	Fin	Durée		Début	Fin	Durée

PM

COUCHES

pipi/caca Temps

pipi/caca Temps

NOTES D'ACTIVITÉ

Livre de bord du nouveau-né

L'HUMEUR DE BÉBÉ

😁 ☹️ 😌 😐 😠

DATE

NOURRITURE

AM

Temps	Nourriture	Montant

PM

Temps	Nourriture	Montant

SOMMEIL

AM

Début	Fin	Durée

PM

Début	Fin	Durée

COUCHES

pipi/caca	Temps	pipi/caca	Temps
⭘ ⭘		⭘ ⭘	
⭘ ⭘		⭘ ⭘	
⭘ ⭘		⭘ ⭘	

NOTES D'ACTIVITÉ

Livre de bord du nouveau-né

L'HUMEUR DE BÉBÉ

😁 ☹ 😌 😐 😠

DATE

AM

NOURRITURE

PM

Temps	Nourriture	Montant		Temps	Nourriture	Montant

AM

SOMMEIL

PM

Début	Fin	Durée		Début	Fin	Durée

COUCHES

pipi/caca	Temps		pipi/caca	Temps

NOTES D'ACTIVITÉ

Livre de bord du nouveau-né

L'HUMEUR DE BÉBÉ

DATE

NOURRITURE

AM

Temps	Nourriture	Montant
___	___	___
___	___	___
___	___	___
___	___	___
___	___	___
___	___	___

PM

Temps	Nourriture	Montant
___	___	___
___	___	___
___	___	___
___	___	___
___	___	___
___	___	___

SOMMEIL

AM

Début	Fin	Durée
___	___	___
___	___	___
___	___	___
___	___	___
___	___	___

PM

Début	Fin	Durée
___	___	___
___	___	___
___	___	___
___	___	___
___	___	___

COUCHES

pipi/caca	Temps
◯ ◯	___
◯ ◯	___
◯ ◯	___

pipi/caca	Temps
◯ ◯	___
◯ ◯	___
◯ ◯	___

NOTES D'ACTIVITÉ

Livre de bord du nouveau-né

L'HUMEUR DE BÉBÉ   😁 ☹️ 😌 😐 😠   **DATE**

AM   NOURRITURE   **PM**

Temps Nourriture Montant | Temps Nourriture Montant

SOMMEIL

AM   **PM**

Début   Fin   Durée | Début   Fin   Durée

COUCHES

pipi/caca Temps | pipi/caca Temps

NOTES D'ACTIVITÉ

Livre de bord du nouveau-né

L'HUMEUR DE BÉBÉ 😁 ☹ 😌 😐 😠 **DATE**

NOURRITURE

AM				PM		
Temps	Nourriture	Montant		Temps	Nourriture	Montant

SOMMEIL

AM				PM		
Début	Fin	Durée		Début	Fin	Durée

COUCHES

pipi/caca	Temps		pipi/caca	Temps
○ ○	———		○ ○	———
○ ○	———		○ ○	———
○ ○	———		○ ○	———

NOTES D'ACTIVITÉ

Livre de bord du nouveau-né

L'HUMEUR DE BÉBÉ

DATE

NOURRITURE

AM

Temps	Nourriture	Montant

PM

Temps	Nourriture	Montant

SOMMEIL

AM

Début	Fin	Durée

PM

Début	Fin	Durée

COUCHES

pipi/caca	Temps
○ ○	
○ ○	
○ ○	

pipi/caca	Temps
○ ○	
○ ○	
○ ○	

NOTES D'ACTIVITÉ

Livre de bord du nouveau-né

L'HUMEUR DE BÉBÉ

😁 ☹️ 😌 😐 😠

DATE

NOURRITURE

AM

Temps	Nourriture	Montant

PM

Temps	Nourriture	Montant

SOMMEIL

AM

Début	Fin	Durée

PM

Début	Fin	Durée

COUCHES

pipi/caca	Temps		pipi/caca	Temps
○ ○			○ ○	
○ ○			○ ○	
○ ○			○ ○	

NOTES D'ACTIVITÉ

Livre de bord du nouveau-né

L'HUMEUR DE BÉBÉ   😁 ☹️ 😌 😐 😠   **DATE**

NOURRITURE

AM

Temps	Nourriture	Montant	Temps	Nourriture	Montant

PM

SOMMEIL

AM

Début	Fin	Durée	Début	Fin	Durée

PM

COUCHES

pipi/caca   Temps   pipi/caca   Temps

NOTES D'ACTIVITÉ

Livre de bord du nouveau-né

L'HUMEUR DE BÉBÉ

DATE

AM NOURRITURE **PM**

Temps	Nourriture	Montant		Temps	Nourriture	Montant

SOMMEIL

AM

Début	Fin	Durée		Début	Fin	Durée

PM

COUCHES

pipi/caca Temps

pipi/caca Temps

NOTES D'ACTIVITÉ

Livre de bord du nouveau-né

L'HUMEUR DE BÉBÉ   😁 ☹️ 😌 😐 😠   **DATE**

NOURRITURE

AM

Temps	Nourriture	Montant	Temps	Nourriture	Montant

PM

SOMMEIL

AM

Début	Fin	Durée	Début	Fin	Durée

PM

COUCHES

pipi/caca   Temps   pipi/caca   Temps

NOTES D'ACTIVITÉ

Livre de bord du nouveau-né

L'HUMEUR DE BÉBÉ

😁 ☹️ 😌 😐 😠

DATE

AM

NOURRITURE

PM

Temps	Nourriture	Montant		Temps	Nourriture	Montant

SOMMEIL

AM

PM

Début	Fin	Durée		Début	Fin	Durée

COUCHES

pipi/caca	Temps		pipi/caca	Temps
○ ○	———		○ ○	———
○ ○	———		○ ○	———
○ ○	———		○ ○	———

NOTES D'ACTIVITÉ

Livre de bord du nouveau-né

L'HUMEUR DE BÉBÉ 😁 ☹ 😌 😐 😠 **DATE**

NOURRITURE

AM

Temps	Nourriture	Montant

PM

Temps	Nourriture	Montant

SOMMEIL

AM

Début	Fin	Durée

PM

Début	Fin	Durée

COUCHES

pipi/caca Temps

pipi/caca Temps

NOTES D'ACTIVITÉ

Livre de bord du nouveau-né

L'HUMEUR DE BÉBÉ

😁 ☹️ 😌 😐 😠

DATE

NOURRITURE

AM

Temps	Nourriture	Montant

PM

Temps	Nourriture	Montant

SOMMEIL

AM

Début	Fin	Durée

PM

Début	Fin	Durée

COUCHES

pipi/caca Temps

○ ○ ————
○ ○ ————
○ ○ ————

pipi/caca Temps

○ ○ ————
○ ○ ————
○ ○ ————

NOTES D'ACTIVITÉ

Livre de bord du nouveau-né

L'HUMEUR DE BÉBÉ 😁 ☹️ 😌 😐 😠

DATE

NOURRITURE

AM

Temps	Nourriture	Montant

PM

Temps	Nourriture	Montant

SOMMEIL

AM

Début	Fin	Durée

PM

Début	Fin	Durée

COUCHES

pipi/caca · Temps

pipi/caca · Temps

NOTES D'ACTIVITÉ

Livre de bord du nouveau-né

L'HUMEUR DE BÉBÉ

DATE

AM — NOURRITURE — PM

Temps	Nourriture	Montant		Temps	Nourriture	Montant

SOMMEIL

AM — PM

Début	Fin	Durée		Début	Fin	Durée

COUCHES

pipi/caca	Temps		pipi/caca	Temps
○ ○			○ ○	
○ ○			○ ○	
○ ○			○ ○	

NOTES D'ACTIVITÉ

Livre de bord du nouveau-né

L'HUMEUR DE BÉBÉ

DATE

NOURRITURE

AM

Temps	Nourriture	Montant

PM

Temps	Nourriture	Montant

SOMMEIL

AM

Début	Fin	Durée

PM

Début	Fin	Durée

COUCHES

pipi/caca	Temps	pipi/caca	Temps
○ ○		○ ○	
○ ○		○ ○	
○ ○		○ ○	

NOTES D'ACTIVITÉ

Livre de bord du nouveau-né

L'HUMEUR DE BÉBÉ

😁 ☹️ 😌 😐 😠

DATE

NOURRITURE

AM

Temps	Nourriture	Montant

PM

Temps	Nourriture	Montant

SOMMEIL

AM

Début	Fin	Durée

PM

Début	Fin	Durée

COUCHES

pipi/caca	Temps		pipi/caca	Temps
○ ○			○ ○	
○ ○			○ ○	
○ ○			○ ○	

NOTES D'ACTIVITÉ

Livre de bord du nouveau-né

L'HUMEUR DE BÉBÉ

😁 ☹ 😌 😐 😠

DATE

NOURRITURE

AM

Temps	Nourriture	Montant
———	———	———
———	———	———
———	———	———
———	———	———
———	———	———
———	———	———

PM

Temps	Nourriture	Montant
———	———	———
———	———	———
———	———	———
———	———	———
———	———	———
———	———	———

SOMMEIL

AM

Début	Fin	Durée
———	———	———
———	———	———
———	———	———
———	———	———
———	———	———

PM

Début	Fin	Durée
———	———	———
———	———	———
———	———	———
———	———	———
———	———	———

COUCHES

pipi/caca	Temps		pipi/caca	Temps
○ ○	———		○ ○	———
○ ○	———		○ ○	———
○ ○	———		○ ○	———

NOTES D'ACTIVITÉ

Livre de bord du nouveau-né

L'HUMEUR DE BÉBÉ   😁 ☹ 😌 😐 😠   **DATE**

NOURRITURE

AM

Temps	Nourriture	Montant

PM

Temps	Nourriture	Montant

SOMMEIL

AM

Début	Fin	Durée

PM

Début	Fin	Durée

COUCHES

pipi/caca   Temps   pipi/caca   Temps

○ ○ ———   ○ ○ ———

○ ○ ———   ○ ○ ———

○ ○ ———   ○ ○ ———

NOTES D'ACTIVITÉ

Livre de bord du nouveau-né

L'HUMEUR DE BÉBÉ   😁 ☹ 😌 😐 😠   **DATE**

NOURRITURE

AM

Temps	Nourriture	Montant
———	———	———
———	———	———
———	———	———
———	———	———
———	———	———
———	———	———

PM

Temps	Nourriture	Montant
———	———	———
———	———	———
———	———	———
———	———	———
———	———	———
———	———	———

SOMMEIL

AM

Début	Fin	Durée
———	———	———
———	———	———
———	———	———
———	———	———
———	———	———
———	———	———

PM

Début	Fin	Durée
———	———	———
———	———	———
———	———	———
———	———	———
———	———	———
———	———	———

COUCHES

pipi/caca   Temps

○ ○ ———
○ ○ ———
○ ○ ———

pipi/caca   Temps

○ ○ ———
○ ○ ———
○ ○ ———

NOTES D'ACTIVITÉ

Livre de bord du nouveau-né

L'HUMEUR DE BÉBÉ

😁 ☹️ 😌 😐 😠

DATE

NOURRITURE

AM

Temps	Nourriture	Montant

PM

Temps	Nourriture	Montant

SOMMEIL

AM

Début	Fin	Durée

PM

Début	Fin	Durée

COUCHES

pipi/caca	Temps
○ ○	
○ ○	
○ ○	

pipi/caca	Temps
○ ○	
○ ○	
○ ○	

NOTES D'ACTIVITÉ

Livre de bord du nouveau-né

L'HUMEUR DE BÉBÉ

DATE

NOURRITURE

AM

Temps	Nourriture	Montant

PM

Temps	Nourriture	Montant

SOMMEIL

AM

Début	Fin	Durée

PM

Début	Fin	Durée

COUCHES

pipi/caca Temps

pipi/caca Temps

NOTES D'ACTIVITÉ

Livre de bord du nouveau-né

L'HUMEUR DE BÉBÉ

😁 ☹️ 😌 😐 😠

DATE

NOURRITURE

AM

Temps	Nourriture	Montant
___	___	___
___	___	___
___	___	___
___	___	___
___	___	___
___	___	___

PM

Temps	Nourriture	Montant
___	___	___
___	___	___
___	___	___
___	___	___
___	___	___
___	___	___

SOMMEIL

AM

Début	Fin	Durée
___	___	___
___	___	___
___	___	___
___	___	___
___	___	___
___	___	___

PM

Début	Fin	Durée
___	___	___
___	___	___
___	___	___
___	___	___
___	___	___
___	___	___

COUCHES

pipi/caca Temps

O O ———
O O ———
O O ———

pipi/caca Temps

O O ———
O O ———
O O ———

NOTES D'ACTIVITÉ

Livre de bord du nouveau-né

L'HUMEUR DE BÉBÉ

😁 ☹️ 😌 😐 😠

DATE

NOURRITURE

AM

Temps	Nourriture	Montant
____	____	____
____	____	____
____	____	____
____	____	____
____	____	____
____	____	____
____	____	____

PM

Temps	Nourriture	Montant
____	____	____
____	____	____
____	____	____
____	____	____
____	____	____
____	____	____
____	____	____

SOMMEIL

AM

Début	Fin	Durée
____	____	____
____	____	____
____	____	____
____	____	____
____	____	____
____	____	____

PM

Début	Fin	Durée
____	____	____
____	____	____
____	____	____
____	____	____
____	____	____
____	____	____

COUCHES

pipi/caca	Temps		pipi/caca	Temps
○ ○	____		○ ○	____
○ ○	____		○ ○	____
○ ○	____		○ ○	____

NOTES D'ACTIVITÉ

Livre de bord du nouveau-né

L'HUMEUR DE BÉBÉ

😁 ☹️ 😌 😐 😠

DATE

NOURRITURE

AM

Temps	Nourriture	Montant
_____	_____	_____
_____	_____	_____
_____	_____	_____
_____	_____	_____
_____	_____	_____
_____	_____	_____
_____	_____	_____

PM

Temps	Nourriture	Montant
_____	_____	_____
_____	_____	_____
_____	_____	_____
_____	_____	_____
_____	_____	_____
_____	_____	_____
_____	_____	_____

SOMMEIL

AM

Début	Fin	Durée
_____	_____	_____
_____	_____	_____
_____	_____	_____
_____	_____	_____
_____	_____	_____
_____	_____	_____

PM

Début	Fin	Durée
_____	_____	_____
_____	_____	_____
_____	_____	_____
_____	_____	_____
_____	_____	_____
_____	_____	_____

COUCHES

pipi/caca	Temps		pipi/caca	Temps
○ ○	_____		○ ○	_____
○ ○	_____		○ ○	_____
○ ○	_____		○ ○	_____

NOTES D'ACTIVITÉ

Livre de bord du nouveau-né

L'HUMEUR DE BÉBÉ   😁 ☹️ 😌 😐 😠   **DATE**

NOURRITURE

AM

Temps	Nourriture	Montant

PM

Temps	Nourriture	Montant

SOMMEIL

AM

Début	Fin	Durée

PM

Début	Fin	Durée

COUCHES

pipi/caca   Temps

pipi/caca   Temps

NOTES D'ACTIVITÉ

Livre de bord du nouveau-né

L'HUMEUR DE BÉBÉ

😁 ☹️ 😌 😐 😠

DATE

NOURRITURE

AM

Temps	Nourriture	Montant

PM

Temps	Nourriture	Montant

SOMMEIL

AM

Début	Fin	Durée

PM

Début	Fin	Durée

COUCHES

pipi/caca Temps

○ ○ ———
○ ○ ———
○ ○ ———

pipi/caca Temps

○ ○ ———
○ ○ ———
○ ○ ———

NOTES D'ACTIVITÉ

Livre de bord du nouveau-né

L'HUMEUR DE BÉBÉ 😁 ☹️ 😌 😐 😠   **DATE**

NOURRITURE

AM

Temps	Nourriture	Montant

PM

Temps	Nourriture	Montant

SOMMEIL

AM

Début	Fin	Durée

PM

Début	Fin	Durée

COUCHES

pipi/caca Temps

pipi/caca Temps

NOTES D'ACTIVITÉ

Livre de bord du nouveau-né

L'HUMEUR DE BÉBÉ

😁 ☹️ 😌 😐 😠

DATE

AM — NOURRITURE — PM

Temps	Nourriture	Montant		Temps	Nourriture	Montant
___	___	___		___	___	___
___	___	___		___	___	___
___	___	___		___	___	___
___	___	___		___	___	___
___	___	___		___	___	___
___	___	___		___	___	___

SOMMEIL

AM — PM

Début	Fin	Durée		Début	Fin	Durée
___	___	___		___	___	___
___	___	___		___	___	___
___	___	___		___	___	___
___	___	___		___	___	___
___	___	___		___	___	___
___	___	___		___	___	___

COUCHES

pipi/caca	Temps		pipi/caca	Temps
○ ○	___		○ ○	___
○ ○	___		○ ○	___
○ ○	___		○ ○	___

NOTES D'ACTIVITÉ

Livre de bord du nouveau-né

L'HUMEUR DE BÉBÉ 😁 ☹️ 😌 😐 😠   **DATE**

AM   **NOURRITURE**   **PM**

Temps	Nourriture	Montant		Temps	Nourriture	Montant

SOMMEIL

AM   **PM**

Début	Fin	Durée		Début	Fin	Durée

COUCHES

pipi/caca Temps   pipi/caca Temps

NOTES D'ACTIVITÉ

Livre de bord du nouveau-né

L'HUMEUR DE BÉBÉ

😁 ☹️ 😌 😐 😠

DATE

AM

NOURRITURE

PM

Temps	Nourriture	Montant		Temps	Nourriture	Montant

AM

SOMMEIL

PM

Début	Fin	Durée		Début	Fin	Durée

COUCHES

pipi/caca   Temps

pipi/caca   Temps

NOTES D'ACTIVITÉ

www.ingramcontent.com/pod-product-compliance
Lightning Source LLC
LaVergne TN
LVHW010638200726
843507LV00011B/1721